Renate & Uwe H. Sültz
Bücher von A bis Z

Mein Fußball Notizbuch

Manfred Wlodarczak

Mein Verein:

Saison:

Bibliografische Information durch die Deutsche Nationalbibliothek

Die Deutsche Nationalbibliothek verzeichnet diese Publikation in der Deutschen Nationalbibliografie; detaillierte bibliografische Daten sind im Internet über http://dnb.dnb.de abrufbar.

Manfred Wlodarczak, BSG Vestypor Hüls Mitbegründer und 1. Vorsitzender seit 1970, SG Schimmelheide Mitbegründer und 1. Vorsitzender seit 1978, BKV Emscher Lippe Fußballfachwart, Oberspielleiter, Spruchkammer-Vorsitzender, Geschäftsführer...

Viel Freude allen Fußballfreunden, Euer Manfred aus Recklinghausen!

© 2022 Renate Sültz & Uwe H. Sültz

Herstellung und Verlag: BoD – Books on Demand, Norderstedt

ISBN 9-78375-6-21151-7

www.ingramcontent.com/pod-product-compliance
Lightning Source LLC
LaVergne TN
LVHW081648061025
822815LV00019B/2646